RÉPUBLIQUE ET MONARCHIE TRADITIONNELLE

A M. THIERS

PRÉSIDENT DE LA RÉPUBLIQUE

SAINT-DENIS
IMPRIMERIE CH. LAMBERT
17, rue de Paris, 17.

RÉPUBLIQUE ET MONARCHIE TRADITIONNELLE

A. M. THIERS[1]

PRÉSIDENT DE LA RÉPUBLIQUE.

MONSIEUR LE PRÉSIDENT DE LA RÉPUBLIQUE,

Ce n'est donc pas une calomnie : infidèle à vos convictions passées et oublieux de vos récents services, du besoin suprême de notre pays, ainsi que de la noble tâche que vous avez acceptée de le régénérer, de le sauver, vous voilà, vous aussi, — qui l'eût jamais pu croire ! — indulgent au désordre, l'allié *des fous furieux*, et concourant avez eux à repousser dans l'abîme cette grande patrie en deuil qu'hier encore on pouvait croire si chère à votre cœur !

Et ce n'est point à l'étourdie, c'est en toute connaissance de cause et de dessein prémédité que vous vous engagez, vous, dans cette voie où l'on ne s'arrête plus, une fois lancé sur sa pente fatale ! Ou faut-il enfin croire vrai que le souverain pouvoir exerce cette inévitable influence de frapper de vertige ceux qui en sont revêtus ?

Eh quoi donc ! se sont-ils effacés de votre mémoire ces avertissements prophétiques que, si peu de temps avant sa chute, vous adressiez au gouvernement de l'empire sur ses fautes qui n'en laissaient plus une seule à commettre, qu'il a trouvé à commettre pourtant, et que nous expions, hélas !

[1] Le lecteur comprendra de reste que le principal destinataire de ce petit écrit, ce n'est pas précisément l'éminent personnage qui s'y trouve indiqué comme tel.

aujourd'hui par tant de douloureux sacrifices? La sagesse qui vous inspirait alors s'est-elle dissipée dans l'ordinaire enivrement des honneurs, de la gloire, des flatteries qui les suivent toujours ; ou a-t-elle aussi fait place à l'aveuglement de ce gouvernement néfaste qui fut assez malavisé pour dédaigner vos utiles conseils ? Nous reste-t-il aujourd'hui plus de fautes à commettre qu'il ne nous en restait après la guerre de la Prusse et de l'Autriche ? Ou bien encore les mêmes fautes commises par vous auront-elles des conséquences différentes de celles qu'elles ont eues jusqu'ici, pour que vous osiez vous permettre la plus grande de toutes, la faute qui, depuis quatre-vingts ans, nous a conduits à toutes celles que nous avons commises ?

Si vous avez vaincu la Commune, M. le Président de la république, l'horrible et à tout jamais exécrable Commune, ce n'était pas sans doute pour nous en préparer une nouvelle, plus formidable et plus désastreuse. Convenez aussi qu'historien passionné, dans votre jeunesse, d'une révolution dont vous avez du reste décrit, heure par heure, les illusions croissantes, les erreurs, les entraînements et les crimes, ce n'était guère à vous, homme d'Etat consommé, de consacrer les dernières années d'une longue carrière à nous ménager une nouvelle représentation du drame terrible si savamment dépeint par votre plume éloquente, mais qui a fait frémir l'humanité et a ébranlé jusque dans leurs fondements toutes les societés humaines.

Enfin c'est décidé, bien décidé : vous allez faire subir à la France agonisante, et déjà toute mutilée par le scalpel des vivisecteurs acharnés à la soumettre à leurs sanglantes expériences, une quatrième opération périlleuse, en la tirant par la filière d'une nouvelle république, — définitive celle-ci, ô illusion ! — d'une république à la grecque, encore une fois, ou d'une république américaine, — on ne sait pas au juste encore, — vous, monarchiste, dites-vous, de conviction et de cœur, ancien premier ministre d'une monarchie selon vos idées, d'une monarchie à l'anglaise ; et, chose étrange ! afin d'assurer le succès d'une si hasardeuse entreprise, vous prenez pour auxiliaires des démolisseurs insignes dont vous séparent, vous l'avouez, toutes vos doctrines économiques et politiques !

En attendant, vous voilà reconnu chef et législateur, pour votre part, d'une république à laquelle vous ne songiez guère, que vous ne désiriez pas davantage, que vous auriez repoussée, combattue même il y a peu d'années, et ainsi devenu républicain, zélé, dévoué républicain, cela va sans dire. C'est bien là certes, s'il s'en vit jamais, ce qu'on peut appeler une conversion miraculeuse. Je dis conversion, conversion sincère ; car, à coup sûr, vous ne donneriez pas vos soins à l'établissement dans votre pays d'institutions que vous sauriez lui devoir être contraires.

Comment toutefois, miracle à part, est-il possible que, monarchiste encore hier, vous soyez tout à coup républicain aujourd'hui ? Les convictions ont donc chez vous de bien faibles racines, ou l'exercice du pouvoir a donc bien de l'attrait, pour qu'à près de quatre-vingts ans, vous ayez mis sous les pieds si lestement les sympathies de votre vie presque entière ? On vous croyait plus ferme dans vos opinions et vos attachements, Monsieur le Président de la république. Ni votre passé ni votre âge n'autorisaient à craindre que vous fussiez homme à vous éprendre encore d'un objet indigne.

Si vous étiez monarchiste, en effet, ce ne pouvait être que par l'entière conviction que la monarchie est, mieux que la république, en état de sauvegarder tous les grands intérêts de notre pays. Votre opinion n'est-elle plus la même ? Quelques mois ont-ils réellement suffi pour changer ainsi du tout au tout des convictions et des principes qui, dans un esprit comme le vôtre, ne semblaient pouvoir se fonder cependant que sur la parfaite connaissance des hommes et une longue pratique des affaires ?

C'est, dites-vous, que la république est aujourd'hui la forme de gouvernement qui convient le mieux à la France, et qu'elle a pour elle d'ailleurs le vœu des populations. J'oserai vous demander si vous en êtes bien sûr et comment vous le savez. Il en faudrait au moins une preuve, et vous vous contentez d'une assertion toute simple. Ce ne sont pas, j'imagine, ces quelques milliers de signatures ramassées au cabaret, entre la folie de l'ivresse et l'imbécillité qui la suit, par les racoleurs de la bande révolutionnaire qui vous en font juger ainsi. C'est sur une assurance toute gratuite que vous allez couronner notre vieil édifice monarchique d'une toiture républicaine qu'emportera le premier ouragan.

Ah ! Monsieur ! Vous allez livrer votre pays à de bien grands hasards et à toutes les mauvaises chances d'aventures bien autrement périlleuses que celles que vous signaliez naguère et que lui ont fait courir la première république et les deux empires ! Et cela pourquoi ? Vous n'oseriez l'avouer, tant vos vrais motifs semblent en opposition avec les intérêts auxquels vous en faites honneur. Car pourquoi, je vous supplie, cette république dont ni vous ni nous ne souhaitions la venue avant nos désastres, qu'on peut à bon droit lui porter en compte en partie, pourquoi nous conviendrait-elle mieux dans un temps où plus que jamais nous avons besoin d'ordre, de stabilité, de sécurité, de paix, — de paix partout, dans les esprits et dans les faits, — ce qu'elle est si peu capable de nous assurer, même pour quelques mois ?

Est-ce parce qu'elle est, depuis deux ans, le gouvernement de fait, et qu'elle a pour elle, comme on le prétend, la chose jugée, le fait accompli ? Mais non, ce n'est pas vous qui voudriez alléguer ce que vous savez trop évidemment contraire à ce qui est. Vous ne croyez pas à l'existence d'une république constituée. Ce qui le prouve, c'est que vous avez grande envie de lui donner cette constitution qui lui manque encore, et que vous êtes occupé en ce moment même à y faire ajouter certains rouages qui la mettent en état de fonctionner, au moins quelque temps, avec une apparence de régularité. Vous ne méconnaissez point, ainsi que font vos nouveaux amis, quoique vous sembliez l'oublier parfois, qu'à la représentation nationale seule il appartient de décider quelle sera la forme définitive du gouvernement de notre pays, et mieux que personne vous savez que rien encore à ce sujet n'a été statué par cette assemblée souveraine. La république est et restera, jusqu'à décision contraire, la forme *provisoire* de notre gouvernement, et, dans cette limite, elle est le gouvernement légitime, le gouvernement légal du pays, mais pour cesser de l'être dès que l'Assemblée le voudra. Elle n'est donc point un gouvernement tout établi, et elle n'a pas davantage pour elle ce qu'on appelle le fait accompli.

Ou est-ce par hasard que la république nous conviendrait, parce qu'il y a eu trois monarchies en France, trois monarchies d'origine et de nature différentes, dont chacune a son prétendant et son parti, qui ne peuvent ni se confondre ni s'entendre, et qu'on ne saurait se prononcer en faveur de l'une sans soulever aussitôt l'opposition des deux autres, et provoquer ainsi peut-être la guerre civile?

Ce motif est plausible, j'en conviens ; et s'il en était exactement de la sorte, il faudrait bien se résigner à subir le gouvernement républicain, non comme étant le meilleur, mais par l'impossibilité d'en établir un meilleur.

Mais en est-il en effet ainsi ? Y a-t-il ou reste-t-il réellement en France trois partis monarchistes également forts, également capables de se tenir en échec et de se neutraliser l'un l'autre? — J'ose répondre non. Il faudrait désespérer de notre pays si, après les quatre funestes époques de 1812, 1814, 1815 et 1870, le bonapartisme y comptait encore à proprement dire un parti. Dès la fin de 1821, il n'existait plus, si ce n'est parmi les débris des armées impériales, de bonapartistes en France. Il n'en restait plus nulle part dans les dix ou douze dernières années du gouvernement de Juillet. Des admirateurs du vainqueur de Marengo, d'Austerlitz et d'Iéna, il en restait sans doute, et vous en étiez un ; mais des bonapartistes rêvant encore, après la mort du fils de Napoléon, un nouvel empire sous le sceptre d'un Bonaparte, assurément il n'en existait plus, à moins que ce ne fût dans l'imagination du personnage ignoré et parfaitement dédaigné qui vainement tenta d'en rallier quelques-uns dans deux équipées malencontreuses, et plus ridicules encore que malheureuses.

Rien n'était plus mort que le bonapartisme, en tant que parti politique, encore la veille de la révolution de Février, et ce ne sont point apparemment ses fautes, ses humiliations et tant de ruines accumulées sur notre pays qui pourraient maintenir en être une coterie d'ambitieux supplantés, qui n'a dû de ressusciter un moment qu'à la nullité de son chef et à la terreur de la république rouge.

Il peut, après la honteuse retraite du Mexique opérée sur l'injonction des Etats-Unis ; il peut, même après Sedan et la perte de notre plus importante frontière, être encore de mauvais Français qui regrettent leur position perdue ou leurs espérances déçues ! C'est honteux, mais c'est possible, et je ne doute pas que ce ne soit en effet. Mais qu'en dehors de ces deux classes d'individus il puisse encore aujourd'hui se rencontrer un seul bonapartiste d'opinion dans un pays qui trois fois fut victime de l'ambition des Bonaparte, ma raison se refuse à l'admettre, et je le nie résolûment.

Il est chez nous deux grands partis, c'est vrai, deux

partis monarchistes, ayant chacun leurs principes et leur chef différents : l'un composé de royalistes sincères, convaincus, désintéressés, dévoués, et ayant la croyance inébranlable qu'en dehors de la royauté traditionnelle, il ne saurait y avoir de salut pour notre pays ; l'autre, formé de royalistes également, mais de royalistes qui, sous le charme peut-être encore des promesses d'un libéralisme illusoire, craignant ce qui n'est plus à craindre, et croyant donner satisfaction à ce qu'on appelle l'esprit du temps, ont voulu suivre une voie mitoyenne entre la monarchie historique et la démocratie de 93, en fondant l'édifice disparate sous lequel nous nous sommes abrités un instant, auquel vos mains ont travaillé, et qui se composait à la fois d'éléments conservateurs, monarchiques, traditionnels, amalgamés avec des matériaux subversifs et révolutionnaires.

Ces deux partis sont réels, ils existent, ils sont puissants. Le premier a pour chef le descendant direct de cette race royale qui a fait la France grande, influente, glorieuse, telle que nous l'avons connue ; le second, entaché d'un vice originel, a laissé pourtant, sous des princes issus de la même souche royale, la France grande encore, aussi respectée peut-être qu'il l'avait trouvée, et, ce qu'on lui avait surtout demandé, l'avait dotée d'autant et de plus de liberté qu'elle n'en aura jamais sous la démocratie, sous une république quelle qu'elle soit. Mais de trouver parmi nous un parti, un homme seulement, raisonnable, désintéressé, convaincu, qui osât mettre en avant cette thèse insoutenable que les Bonaparte ont contribué pour une part, si minime fût-elle, à la liberté, à la prospérité, à la grandeur réelle et durable de notre pays, et qu'il nous importe en conséquence de nous replacer sous leur autorité, j'affirme et soutiens encore qu'on n'en saurait trouver l'ombre et que réellement il n'y en existe point.

Des trois partis dont on nous fait un épouvantail, il en faut donc éliminer un, celui dont les titres sont le parjure, la violation du droit des gens, des attentats contre les lois et, en fin de compte, la ruine, l'humiliation, l'abaissement de notre commune patrie.

Il n'en reste donc que deux, également royalistes, ayant également pour chef un descendant d'Henri IV et de saint Louis, et, s'ils ne le sont pas déjà, ne pouvant tarder, — il le faut espérer, — d'être amenés, par la force des choses si ce n'est par sagesse et dévoûment, à se réunir, à se fondre ensemble et à n'en plus former qu'un.

C'est l'intérêt suprême, la condition de sa prospérité, de sa régénération, de sa grandeur nouvelle, c'est le salut de la France, qu'il en soit ou en advienne bientôt ainsi. Il n'est pas croyable, non, qu'après tant de leçons, nous n'ayons pas compris encore tout ce qu'il y a de différence entre l'humanité du vrai seigneur, et l'insolence, la dureté du maître par aventure, du parvenu ; entre les garanties, la solidité, le noble usage de la possession légitime, venue par héritage, de père en fils, à travers le temps, et la fragilité de celle qui date d'hier, qui n'a de fondement que l'intrigue, la violence, le hasard des révolutions, et qui peut se perdre avec autant de légèreté qu'elle fut acquise avec audace, à force de ruse, d'astuce et d'improbité ; enfin que, non-seulement l'usage de la possession légitime est en général plus prudent, plus sage, plus noble, plus digne, mais que la chose possédée, la propriété elle même, y a plus de chances de conservation, et en reçoit plus de valeur en même temps que plus de dignité.

Ou bien enfin cette raison d'être, cette convenance que vous affirmez, se fonderait-elle sur ce qu'à nos yeux, aux vôtres, à ceux de la majorité, de la grande majorité des Français, la république apparaîtrait comme étant en soi le gouvernement le plus raisonnable, le plus sûr, le plus légitime, le meilleur ?

Mais en quoi, pourquoi le jugerions-nous en ce moment le meilleur? Quels sont, s'il vous plaît, les avantages rares qui lui doivent mériter nos préférences actuelles? Il faut bien avouer qu'après tant d'années d'études ruineuses, d'expériences aventureuses et de bouleversements par elle opérés sous nos yeux, nous sommes encore à nous demander quels donc ils peuvent être, ces avantages si haut préconisés. En est-il dont réellement elle ait droit de se glorifier et qui n'aient pas cent fois été démentis par les faits? Qu'on les nomme donc alors, car véritablement ils nous sont inconnus. Ce que nous savons et connaissons très-bien, ce sont ses inconvénients et ses vices sans nombre, ces fatalités de la république, dont nous avons pâti, Dieu le sait, et qu'il serait oiseux, je crois, d'énumérer ici tout au long.

Pour les personnes, toutefois, qui les pourraient avoir oubliés, permettez seulement que j'en rapporte quelques-uns.

Et d'abord le peuple, ce prétendu souverain, est incapable de discuter les besoins, les affaires, les grands intérêts de l'Etat, « un des grands inconvénients, dit Montesquieu, de la démocratie. »

Il n'est pas au pouvoir des républiques, ainsi qu'il l'est des monarchies, de rassembler et mettre en œuvre aisément, comme et quand il le faut, toutes les forces exigées par les circonstances et dûment appropriées aux nécessités du moment. Ou elles font plus qu'il ne faut, ou elles ne font pas tout ce qu'il faut. Montesquieu nous le dit : « Le peuple passe sans cesse de l'extrémité de la fougue « à l'extrémité de la faiblesse. — Quelquefois, avec cent « mille bras, il renverse tout ; quelquefois, avec cent mille « pieds, il ne va que comme les insectes [1]. »

Les républiques sont inévitablement dans un état conti-

[1] *Esprit des lois*, liv. XI, chap. VI.

nuel de fermentation et d'agitation, et même dans une véritable crise, à chaque renouvellement de la législature ou à chaque élection des premiers magistrats : inconvénient médiocre peut-être pour un fort petit pays, mais fort sérieux et souvent de conséquence grave dans un vaste État, où la moindre émotion populaire a du retentissement, inquiète les intérêts et ne manque jamais d'arrêter, à tout le moins, l'essor de l'industrie, le travail, les affaires.

Elles ne tiennent pas en respect et ne domptent pas non plus aussi bien, aussi sûrement que les monarchies, les promoteurs de désordre, auxquels cependant elles sont bien plus qu'elles exposées, sans comparaison. Qui ne sait les entraînements si subits, si déraisonnables souvent et parfois si coupables, auxquels se laisse aller la multitude animée par un orateur à la parole véhémente, ou par des tribuns turbulents et violents ? « Dans les Etats gouvernés par un prince, observe encore Montesquieu, les divisions s'apaisent aisément, parce qu'il a dans les mains une puissance coercitive qui ramène les partis ; mais dans une république, elles sont plus durables, parce que le mal attaque ordinairement la puissance même qui pourrait le guérir [1]. »

Elles sont aussi bien plus exposées aux trahisons et à toutes les conséquences de la vénalité de leurs chefs, orateurs et magistrats, et supposent ainsi, pour se maintenir et se sauvegarder contre ce danger, bien plus de ce qu'on appelle des vertus, de ces vertus dont on parle encore pour mémoire, mais que nous ne connaissons plus guère que par ouï-dire.

Eh ! dirai-je ici, ce qui est connu de tous ceux qui ont fait quelques études ou ont un peu lu : qu'il n'est pas une seule, je dis une seule, de ces anciennes républiques dont

[1] *Grand. et décad. des Rom.*, chap. IV.

les annales des peuples nous ont conservé le souvenir, qui n'ait en effet marché vers la ruine, aussitôt qu'elle eut commencé de se laisser corrompre par la soif de l'or et la licence. On peut voir dans Démosthène quelle était la situation et quel fut le triste sort de la démocratie d'Athènes, et en général de toutes les républiques de la Grèce, quand Philippe de Macédoine entreprit de les asservir en corrompant ceux-là mêmes qu'elles avaient chargés de veiller à leur sûreté. « Il n'en était pas une, dit ce grand orateur, « qui ne fût menacée de périr par suite de l'insouciance du « peuple, qui ne rêvait que repos et plaisirs, et par la cupi- « dité des magistrats, qui s'étaient vendus à Philippe[1]. » — « Ce n'était partout que des dissensions interminables et le « désordre sans fin, dont Philippe s'empressa de tirer parti « en corrompant les âmes vénales, trompant les imprudents, « mettant les cités aux prises les unes avec les autres, et pro- « fitant ainsi de leurs fautes pour établir sa puissance sur « la ruine de toutes [2]. »

D'après ce que nous apprend l'historien Salluste, il n'en allait pas mieux non plus à Rome, vers le temps de Marius. Afin de s'y assurer l'impunité de ses attentats contre les descendants du plus fidèle allié du peuple romain, le roi numide Jugurtha corrompit le sénat presque tout entier, les consuls eux-mêmes. « O ville vénale, s'écriait ce prince « en sortant des murs de Rome, où il n'avait pas craint de « venir justifier sa conduite, ô ville vénale, qui ne tarderais « pas à périr, si tu trouvais un acheteur ! » *O urbem venalem et mature perituram, si emptorem inveneris*[3] !

[1] « On y craignait Philippe (à Athènes), dit Montesquieu, non pas comme l'ennem de la liberté, mais des plaisirs, et l'on y avait fait une loi qui punissait de mort quiconque proposerait d'employer aux frais de la guerre l'argent destiné pour les théâtres. » *Esprit des lois*, liv. III, ch. III.

[2] V. Démosthène, Λόγος ὁ περὶ στέφανου.

[3] *Bell. Jugurth.*, chap. XXXV. Les Romains eux mêmes avouaient : *Romæ omnia venalia esse*, qu'à Rome tout était vénal.

Or dites-nous, tenez-vous pour impossible que, dans un temps de corruption comme est le nôtre, il ne puisse arriver, un jour, qu'un de vos successeurs, Monsieur le Président de la république, ou des successeurs de vos ministres, ne soit tenté de faire contre les intérêts et la sûreté de la France ce que les Eschine, les Démarate, les Anémoetas, les Mnasias, les Thrasydée et cent autres firent contre Athènes, Corinthe, Thèbes, l'Argolide, la Thessalie, contre les intérêts et la liberté de la Grèce entière[1] ?

Egalement méfiantes par principe et par nature, peut-être par envie, ou pour avoir été trompées et se tromper souvent elles-mêmes, toute supériorité, tout mérite, tous services leur sont suspects et leur font ombrage, ce qui est cause que leurs préférences et leurs choix portent presque toujours sur des médiocrités intrigantes.

Rien de plus connu que l'ingratitude des Athéniens à l'égard des Aristide, des Thémistocle, des Miltiade, des Cimon et de tant d'autres de leurs concitoyens les plus éminents. Un publiciste anglais fort distingué, M. Stuart Mill, observe que dans la république américaine, « les plus « habiles hommes sont exclus des fonctions publiques et de « la représentation nationale, comme s'ils étaient sous le « coup d'une incapacité légale. Les hommes, dit-il, dont « l'esprit est très-cultivé, ne s'y présentent même pas, « comme candidats, aux élections pour le congrès ou les « législatures d'Etats, tellement ils sont sûrs de n'être point « nommés, à moins qu'ils ne sacrifient leurs opinions per- « sonnelles et ne se fassent les organes serviles de la multi- « tude[2]. »

Enfin, et ce qui sur toutes choses prouve leurs imperfections radicales, elles dégénèrent bien plus vite et durent beaucoup moins que les Etats monarchiques.

[1] V. Démosthène, Ὁ περί στέφανου λόγος.

[2] *Le Gouvern. représentat f.*

Leur instabilité est si grande, — cela se montre bien en ce moment, — qu'il y suffit d'un conflit entre le gouvernement et la législature, ou d'un simple déplacement de la majorité dans cette dernière, pour tenir tout en suspens, mettre tout en question, et jeter ainsi l'Etat dans un vrai péril.

Mais peut-être dira-t-on qu'avec ces défauts, la république a du moins la vertu, tout en nous donnant plus de liberté, de nous garantir mieux, beaucoup mieux que la monarchie, des grands soulèvements populaires appelés révolutions.

Oui, c'est la tactique nouvelle imaginée par la démocratie de s'attribuer ce mérite, très-grand, elle ne l'ignore pas, aux yeux de la nation, et, — de même à peu près que si le vol reprochait à la propriété les attentats qu'il commet contre elle, — de nous représenter les monarchistes comme les vrais révolutionnaires, et la monarchie comme le gouvernement en effet le plus sujet aux grandes révolutions, se gardant d'observer que c'est elle et ses fauteurs qui les fomentent et les suscitent, ces révolutions, dont les ferments ne sont point tout formés, mais ont été déposés traîtreusement dans les entrailles de la monarchie. Car c'est un fait acquis et démontré mille fois : au lieu que la république produit et développe naturellement elle-même, dans ses propres flancs et de son propre sang, tous les germes connus de destruction et de révolution, la monarchie — la monarchie héréditaire et traditionnelle, s'entend, — déduit, développe et contient, elle, au contraire, tous les principes, tous les éléments possibles de conservation, de force et conséquemment de durée. C'est ce que confirment également l'expérience et l'histoire.

Il est vrai cependant que des monarchies ont été renversées par des révolutions, comme aussi des républiques l'ont été, des républiques en grand nombre, de sorte que l'on peut dire également de l'une et de l'autre qu'elles sont sujettes à périr par des révolutions. Toutefois, pour peu qu'on y fasse attention, on voit aisément que la parité n'est qu'apparente. Il y a ici une distinction à établir, et qui est : que la république, ayant pour principe la souveraineté du peuple et le droit d'insurrection, ouvre la porte, par cela même, à tous les attentats imaginables contre l'ordre public et le gouvernement, tandis que la monarchie, la monarchie traditionnelle, reconnaissant, non la souveraineté du peuple, expression à double sens et partant vicieuse, mais la souveraineté nationale, et avec la responsabilité des ministres, l'inviolabilité tout au contraire du chef de l'Etat, met à néant le prétendu droit insurrectionnel, et sauvegarde de la sorte à la fois et le pouvoir et la nation, et les personnes et les propriétés, contre l'esprit de rébellion, contre toutes espèces de doctrines et de tentatives révolutionnaires. Il y a donc entre les deux cette différence essentielle : que la monarchie ne peut être renversée que par des armes étrangères et en vertu de principes hostiles et contraires, au lieu que la république, elle, peut périr, non-seulement par le fait de ses ennemis, mais par celui de ses amis, de ses enfants, de ses enfants les plus dévoués, au nom et par la vertu de son principe même, de ses propres mains enfin, et que c'est en effet ainsi que le plus souvent elle chancelle et succombe. D'où il résulte qu'il est vrai de dire que le principe monarchique est par essence un principe conservateur, et celui de la république, au même titre, un principe subversif, un agent de révolutions, une sorte d'arme à deux tranchants qui se peut également tourner contre ses ennemis et contre elle-même.

Je voudrais, autant que possible, ne rien celer de ce qui est la vérité. Il est un reproche qu'on pouvait adresser, dans un temps, à la monarchie, même tempérée : c'était de certaines habitudes de gaspillage dans l'emploi des deniers publics, et en général de la tendance à l'arbitraire et au pouvoir absolu. Ces reproches étaient mérités sans doute, et je n'entends ni les nier ni les atténuer. Il faut se rappeler, cependant, que l'assiette et le bon emploi de l'impôt forment avec le contrôle parfait des dépenses un art aussi compliqué que difficile, et qui était encore à naître à l'époque dont il s'agit ; que, pour la tendance à l'absolutisme, elle était surtout le résultat des circonstances ; que la nation elle-même y prêta les mains, y poussa, et que, si elle entrava souvent les libertés, elle favorisa par contre beaucoup les progrès de l'égalité, si chère aux Français. Ensuite ce temps, relativement bien court en comparaison de la durée de la monarchie, ce temps n'est plus, il est loin de nous, et il n'y a pas apparence qu'il reparaisse de si tôt. Puis le même reproche ne peut-il pas enfin s'adresser à la république tout aussi bien qu'à la monarchie, peut-être encore mieux, à celles du moins que nous avons vues fonctionner et que nous connaissons ? Quelle est la république, celle des Etats-Unis comprise, qui ait jamais donné plus de bonne et réelle liberté que la monarchie d'Angleterre n'en laisse à ses sujets ? Et quel souverain, empereur ou roi, oserait aujourd'hui, dans ses Etats, la centième et la millième partie de ce qu'osèrent, sans hésiter, nos républicains de 93 et récemment les républicains de la Commune ?

Par combien d'avantages d'ailleurs la monarchie ne compensait-elle pas ces inconvénients justement reprochés, quoiqu'un peu grossis, et que l'état peu avancé d'une civilisation renaissante pouvait rendre inévitables, peut-être même nécessaires ? Ainsi, par la continuité du pouvoir et du gouvernement, que la mort même ne pouvait interrompre ; par l'unité de vues, de volontés, de politique ; par la force résultant de la concentration de l'autorité dans les mêmes mains, et supérieure également pour l'attaque et la défense ; par le secret et la maturité des délibérations ; par la constance dans les desseins, la rapidité dans l'exécution, et, ce qui n'est pas moins important, par l'intérêt d'honneur que prend naturellement à la prospérité, à la grandeur, à la gloire et à l'honneur de la patrie commune une dynastie de princes dont la situation, la gloire, toute l'existence est si intimement liée à celle du pays ; enfin par la confiance plus grande qu'inspire à ses alliés un gouvernement stable, fort, qui sait ce qu'il veut, qui sait le vouloir avec énergie, et qui est sûr de lui-même et sûr de son lendemain.

Il faut bien que les monarchies aient plus de force de résistance que les républiques, puisqu'elles durent davantage ; car il doit en être des sociétés bien ordonnées et de leurs gouvernements comme il en est de tous les êtres organisés, dont la longévité donne la mesure du degré de leur vitalité naturelle et de leur plus ou moins de tendance aux accidents morbides et à la dissolution. Or qui ne sait ce qu'ont duré les anciennes monarchies de l'Egypte et de l'Asie, et ce que durent déjà plusieurs de ces monarchies européennes si remplies encore, la plupart, de séve et de vie ? Et qui ne sait également le peu qu'ont résisté les démocraties, et en général les républiques même les plus sages ? Il est aisé de compter ce qu'il se passa d'années pour la démocratie d'Athènes, si intelligente pourtant, entre Aristide, son vrai fondateur, et la mort de Démosthène. Sparte fut une aristocratie, Rome aussi en fut une longtemps. C'est à cette circonstance, sans aucun doute, qu'il faut rapporter leur plus longue existence. Ce n'est qu'assez tard que le peuple, à Rome, eut part au gouvernement ; et quand il y parvint, la république n'était pas loin de s'effacer devant l'empire. Les censeurs, chargés d'ailleurs du soin de classer la multitude en vue des comices, ne manquaient pas de la distribuer de telle sorte que ses suffrages ne fussent point prépondérants, et qu'en aucun cas elle ne pût abuser de son pouvoir. Malgré cette précaution toutefois et toute la prudence des premiers magistrats, le danger des émotions populaires était toujours si grand, à Rome, que le sénat n'y trouva de remède que dans une diversion incessante, en occupant les esprits au dehors par des guerres continuelles. Et il fallut ainsi subjuguer, dépouiller et asservir tout l'univers connu, pour satisfaire, par des distributions fréquentes de terres et de blé, l'insatiable exigence de ce peuple atroce et cupide.

La république de Carthage, dont Aristote vante la sagesse, a néanmoins péri victime des factions.

« Syracuse, au milieu d'un grand nombre de petites « oligarchies changées en tyrannies, Syracuse, dit Montes- « quieu, toujours dans la licence ou dans l'oppression, avait « dans son sein un peuple immense qui n'eut jamais que « cette cruelle alternative de se donner un tyran ou de « l'être lui-même [1]. »

Et les républiques d'Italie du moyen âge, en proie aux dissensions intestines, tour à tour en guerre ou en révolution, et, pour se défendre et jouir de quelques instants de bon ordre ou de paix, forcées, toutes les quelques années, ou de se soumettre au despotisme d'un chef indigène, ou de se jeter dans les bras d'un maître étranger, n'ont eu non plus, pour la plupart, qu'une existence précaire. Seule, l'aristocratique Venise sut assez longtemps se maintenir florissante, grâce à une situation tout exceptionnellement favorable et à un gouvernement très-prudent, mais ombrageux, perfide, sanguinaire, régnant par la terreur, et, suivant un historien italien qu'on ne peut soupçonner de préventions, *exerçant sous le nom de liberté un pouvoir sans bornes de la manière la plus tyrannique et la plus odieuse* [2].

Gènes, riche par le commerce et puissante par sa marine, fut amenée plusieurs fois, par désespoir ou dégoût, à aliéner

[1] *Esprit des lois*, liv. VIII, chap. II.
[2] Sismondi, *Hist. des républiques italiennes*.

elle-même son indépendance et à chercher un abri contre les excès du gouvernement populaire sous l'autorité d'un chef absolu.

La même chose eut lieu à Florence, à Milan et dans toutes ces petites républiques lombardes, toujours agitées, menacées et ensanglantées par la guerre civile.

La république des Provinces-Unies, qui ne péchait point par excès de l'élément populaire, a cependant passé comme un brillant météore.

Et pour la Suisse fédérative, en partie aristocratique, en partie régie par le plus grand nombre, il est notoire qu'elle n'a prolongé son obscure existence jusqu'à nos jours que par sa pauvreté, ses mœurs, son manque de cités populeuses et par l'intérêt surtout qu'y trouvaient les monarchies, ses très-puissantes voisines.

Je m'abstiendrai de rien dire de nos deux républiques éphémères de 1793 et 1848. L'une a duré de sept à huit ans, mettons douze ; l'autre, deux à peine. On sait d'ailleurs à quelles conditions elles ont vécu, même ce peu de temps, et comment elles ont fini.

On croit rêver, quand on entend des hommes sensés nous proposer sérieusement pour modèles les anciennes républiques de la Grèce et de l'Italie, et se prétendre capables de fonder de tels gouvernements dans l'Europe moderne. Ils ignorent ou feignent d'ignorer que ces républiques étaient toutes de fort petits États, ayant à peine un territoire ; que celles de la Grèce antique n'avaient point de voisins immédiats trop puissants, ni non plus de trop grandes villes ; que les mœurs y étaient sévères, le luxe interdit, les grandes fortunes, les talents, la réputation, les services même et la gloire suspects, les artisans, les marchands, les colons privés du droit de voter et de toute espèce de droits politiques, et qu'enfin, pour tout dire, elles ne pouvaient se soutenir que par l'esclavage. Athènes ne comptait que vingt mille citoyens au temps de sa plus grande puissance ; elle avait par contre quatre cent mille esclaves chargés de travailler pour elle, et sans lesquels elle n'eût pu subsister [1]. Et encore ces républiques étaient-elles presque constamment déchirées par la guerre civile ou en état de révolution [2].

Puis il ne suffit pas sans doute d'avoir légitimé devant l'état civil un mariage de fait avec la république ; il faut qu'il soit entendu sous quel régime on s'est marié, quels sont les avantages reconnus et les droits réservés à l'épouse, et, en général, sous quelles forme et conditions s'est accomplie cette union bien ou mal assortie. Car enfin il y a république et république. Il en est où il en fut d'*unitaires*, de *fédératives*, d'*aristocratiques*, de *démocratiques*, de *personnelles*, de *représentatives*, de *composites*, et, ce n'est pas tout : on y veut ajouter encore la république *communarde* ou *socialiste*, celle même qui compte, dit-on, les affiliés les plus nombreux, les plus dévoués, et surtout, — vous l'avez pu voir, — les plus entreprenants et les plus audacieux.

Or quelle est celle dont vous entendez nous gratifier ? De grâce, pas de réticence ni de restriction mentale. Nous avons le droit, je suppose, de savoir sur quoi porte ce vœu prétendu que vous nous prêtez, et ce que vous-même, après tout, entendez gouverner précisément.

Ce que vous voulez, dites-vous, c'est une république une et indivisible, comme celle de quatre-vingt-treize, une république personnifiée dans la souveraineté du peuple et une représentation nationale.

Mais permettez. Cette représentation, par qui la ferez-vous nommer ? Sera-ce par le vote universel ou par le vote restreint ? Si c'est par le dernier, c'est donc une aristocratie que vous instituez, une aristocratie bourgeoise, et de celle-

[1] V. Athénée, liv. VI, et l'*Esprit des lois*, liv. III, ch. III.

[2] *Esprit des lois*, liv. V, chap. XI, et *Grand. et décad. des Romains*, ch. IV.

ci nous savons, et vous savez comme nous, que la plupart de ceux qui se croient républicains et que vous tenez à ménager, à cette heure, n'en veulent pas plus entendre parler que les royalistes eux-mêmes, à ce qu'on prétend. Si c'est par le vote universel, c'est la prépondérance du nombre, le règne de la multitude, la démocratie, et, que vous hochiez la tête ou non, la démocratie socialiste, communarde, la démocratie sans autorité, sans gouvernement, sans lois, sans justice et sans Dieu, la révolution en permanence, et, en fin de compte, l'anarchie, la barbarie.

Je n'imagine rien ; il faut bien en croire là-dessus les apôtres mêmes de la démocratie. De la république représentative, ils n'en veulent pas plus d'ailleurs que de la monarchie représentative et du suffrage restreint. « La démocratie « représentative, dit le plus fameux d'entre eux, est un « non-sens, une fausse, une pseudo-démocratie, et ses par- « tisans sont de faux démocrates. Elle suppose que le peuple « n'est qu'un être de raison, dépourvu de spontanéité. C'est « une erreur monstrueuse dont le développement écono- « mique des sociétés et l'organisation du vote universel « concourent également à démontrer la fausseté. »

Et plus loin : « Nous nions et repoussons le gouvernement « et l'Etat, sous quelque forme que ce soit. » — « L'ANARCHIE « *est la condition d'existence des sociétés adultes* [1]. » — Pour les vrais démocrates, ajoute-t-il ailleurs, « il n'y a qu'un seul « devoir, une seule religion, c'est de renier Dieu [2]. »

Vous l'avez entendu : l'anarchie n'est pas un simple accident, une conséquence fâcheuse de la démocratie ; elle est, suivant les maîtres, — tellement ils ont conscience de ne la pouvoir éviter, — elle est la condition même d'existence des sociétés adultes.

Sans aller aussi loin que les coyphées de la république

[1] Proudhon, *Voix du peuple*, 3 décembre 1849.

[2] Proudhon, *Système des contradictions économ.*, liv. II, p. 306.

démocratique, j'affirmerai seulement cette vérité tout élémentaire qui ne sera niée de personne, à savoir que le principal objectif de la monarchie, c'est l'ordre, et que celui de la république, c'est ou doit être la liberté. Or ce qui fait le grand et particulier avantage de la monarchie, c'est qu'elle peut forcer, exagérer son objectif sans pour cela cesser de satisfaire au premier besoin de la société, qui est l'ordre ; au lieu que la république ne saurait forcer le sien, ce à quoi elle est fort encline, sans tomber à l'instant même de la liberté dans la licence et de la licence dans l'anarchie, l'état le plus opposé à l'idée de tout gouvernement, de toute société.

Un fait digne de remarque et qui ne dépose guère en faveur de la démocratie, c'est qu'aucun des législateurs ni des sages de l'antiquité grecque et romaine ne fut partisan du gouvernement démocratique. Ni Lycurgue, ni Solon, ni Socrate, ni Platon, ni Xénophon, ni Aristote, ni Cicéron, ne fondèrent ou ne rêvèrent le règne de la multitude.

Le célèbre Bayle, qui habita longtemps la république des Sept-Provinces, et qu'on peut considérer comme un juge compétent, n'était pas plus que ces anciens sages admirateur du régime populaire. Montesquieu déclare le gouvernement du peuple par le peuple lui-même impossible dans les grands États et sujet à beaucoup d'inconvénients, même dans les petits [1]. Rousseau lui-même, ce père cependant de la souveraineté du peuple, affirme sans détour, dans le *Contrat social*, que « la démocratie, prise dans sa rigueur, est impossible, qu'il n'a jamais existé de véritable démocratie et qu'il n'en existera jamais [2]. »

Et en effet, l'Athénien Thucydide, au 2e livre de son histoire, observe avec raison qu'à Athènes, la démocratie

[1] *Esprit des lois*, liv. XI, ch. XI

[2] *Contrat social*, chap. IV.

existait à la vérité de nom, mais qu'en réalité le gouvernement s'y trouvait dans les mains d'un seul homme [1].

Il en est de même à peu près, de nos jours, dans les diverses républiques américaines du Nord et du Sud : la démocratie, pas plus que dans la Grèce antique et dans l'Italie du moyen âge, n'y existe au vrai sens du mot. Elles ont, comme l'avaient Athènes, Gênes, Milan, Florence, de la démocratie le vain nom, avec quelques autres avantages plus dangereux et tout aussi futiles; mais de la monarchie et de la pire monarchie, de la monarchie élective et temporaire, elles ont en effet les chefs très-réels, et des chefs de l'espèce des Rosas, des Juarès, des Johnston. C'est là ce que nous voyons, depuis cinquante ans, dans toutes ces républiques de création encore si nouvelle.

Nous n'ignorons pas d'ailleurs que même dans la plus célèbre d'entre elles, dans cette fameuse république des Etats-Unis de l'Amérique du Nord qu'on nous cite incessamment pour modèle et qui n'a pas cent ans d'existence, les connaisseurs voient déjà poindre quelques-uns des symptômes avant-coureurs de la dissolution.

Je ne veux pas, à Dieu ne plaise! entreprendre ici la critique de la grande république américaine. Admettons, si l'on veut, que la république soit la forme de gouvernement qui sied aux Etats-Unis, qu'elle y ait réussi, s'y soit acclimatée et doive y avoir un long, un glorieux avenir, qu'est-ce que cela prouve par rapport à la France et à d'autres pays? On n'a pas sans doute si bien fasciné votre perspicacité naturelle, que vous ne vouliez plus tenir aucun compte de la différence décisive qui caractérise des situations et des besoins si divers. Et ce n'est pas à vous qu'il faut observer qu'un grand pays, quoiqu'il n'y manque pas d'infirmes et de fous, n'est cependant pas un hôpital où le médecin ait

[1] Ἐγίνετό τε λόγῳ μὲν, δημοκρατία, ἔργῳ δέ ὕπο τοῦ πρώτου ἀνδρός ἀρχή. Liv. II, ch. LXV, *sub fine*.

pouvoir d'expérimenter, comme on dit, *in anima vili*. C'est toujours un personnage que le corps de toute une nation. Son existence est chose grave, tant d'intérêts y sont attachés. Ce n'est qu'avec une extrême circonspection qu'on lui doit administrer même les remèdes les plus doux, et encore faut-il que, pour leur entière innocuité, ils offrent toutes les garanties de l'observation consciencieuse, de la pratique et de la science.

Espérer de réaliser chez nous ce qui a réussi à la robuste Amérique, et par cela seul que ça y a réussi, c'est se flatter qu'un vieux corps cacochyme et miné par toutes sortes d'humeurs peccantes supportera les fatigues, les plaisirs, les écarts d'un tout jeune homme.

Je croirais très-volontiers que la politique, science toute d'observation, de pratique, d'accommodement, ne comporte que fort peu de principes absolus. Toutefois, si elle n'a guère de principes inflexibles, elle compte du moins un certain nombre de vérités élémentaires incontestées, induites de l'expérience, de la philosophie, de l'histoire, et dont, sans un parti pris, on ne peut plus mettre en question la capitale importance : ainsi, que, si la démocratie implique le vote universel, réciproquement le vote universel implique la démocratie ; que la démocratie, à moins d'être une fiction, est le gouvernement du pays par le nombre, c'est-à-dire par la multitude ; que dans un grand État il est impossible, physiquement et moralement, que le peuple tout entier se réunisse au forum, y délibère, y statue d'un commun accord, et que par conséquent il se gouverne lui-même ; que plus un pays est exposé, soit au dedans, soit au dehors, aux agressions d'ennemis pourvus d'une grande force offensive, plus il lui faut d'esprit de suite, d'unité de vues, de secret dans la décision, de promptitude dans l'exécution, et ainsi de force, de stabilité, de concentration dans le gouvernement ; que l'état républicain ne remplit point ou remplit mal plusieurs de ces conditions fondamentales, mais que toutes, au contraire, dans la limite au moins du possible, sont remplies fort bien par la monarchie héréditaire, traditionnelle et représentative[1]; que la nature des gouvernements, au surplus, doit se trouver en rapport avec les besoins particuliers des peuples auxquels on les destine; que les formes gouvernementales ne sont donc bonnes ou mauvaises que d'une manière relative, et qu'il n'en est aucune qui convienne dans tous les cas, pas plus qu'il n'est de genre de vie qui convienne à tout homme, ni de remède qui convienne à toute maladie et à tout malade.

Et c'est de notre pays, en définitive, et de nul autre, c'est de la France qu'il s'agit en ce moment; et la question est de savoir, non pas si la république est un gouvernement rationnel ou louable en lui-même, mais si elle s'accommode bien à l'esprit, aux mœurs, à la situation, à toutes les premières et impérieuses nécessités de cette ancienne et glorieuse monarchie qu'on appelle et qui veut rester la France. Or il n'est pas moins constaté que la république démocratique, bonne peut-être pour de fort petits États isolés et protégés, est non-seulement peu convenable et remplie de périls, mais tout à fait impossible dans un grand état, et surtout dans un État de toutes parts entouré de voisins ambitieux, entreprenants et puissants[2].

Les États-Unis d'Amérique, pays nouveau, n'avaient point à proprement parler d'antécédents monarchiques. En tant que nation, ils n'avaient point de passé. Ils sont d'ailleurs isolés, séparés du vieux monde, de ses embarras, de ses périls, par toute la largeur de l'Océan. Ils n'ont aucun voisin

[1] V. tous ceux qui ont écrit sur le gouvernement des nations.

[2] « La démocratie ne semble convenir qu'à un très-petit pays. » Volt., *Diction. philosoph.* — « Une démocratie ne peut subsister que dans un petit coin de terre. » *Ibid., Politique.* « — Si la grandeur de l'Etat perdit la république romaine, la grandeur de la ville ne la perdit pas moins. » Montesquieu, *Grand. et décadence des Romains*, ch. IX.

assez fort pour les inquiéter, tirer parti de leurs dissensions, intervenir dans leurs affaires et se laisser tenter de s'agrandir à leurs dépens. Ils n'ont point la lourde charge de ce qu'on appelle le prolétariat, de cette classe dangereuse, exigeante et toujours menaçante pour les anciennes sociétés. Chacun y possède un champ, une maison ou quelque industrie lucrative; et celui qui n'a rien trouve, à peu de frais, dans des plaines immenses et encore incultes, de quoi devenir propriétaire lui-même, si et quand il le veut. Ils ont eu enfin la bonne chance, ou, si l'on préfère, la prudence de se constituer, non pas en démocratie, mais en république tout uniment, et, qui mieux est, en république fédérative.

La France se trouve, elle, dans de tout autres conditions. Elle n'est point isolée; elle touche par trois côtés à des voisins jaloux et très-puissants. Tout y est monarchique : les institutions, les mœurs, les coutumes, les souvenirs, les traditions. Avant que des novateurs audacieux eussent entrepris de lui faire subir la torture de leurs conceptions chimériques, elle avait toujours subsisté en monarchie. Pendant quatorze siècles, au milieu des vicissitudes les plus diverses et quelquefois des circonstances les plus défavorables, elle n'a pas cessé, — soutenue qu'elle était par la force de son principe, — de se fortifier, de s'étendre, de grandir et de prospérer. Et trois fois, arrachée par la violence au gouvernement de ses rois, elle s'est agitée dans de douloureuses convulsions, et s'est finalement imposé les sacrifices les plus durs pour se placer au moins dans une situation analogue, en attendant qu'elle eût le bonheur de retrouver son premier état.

Quoi d'étonnant? La monarchie nous a valu la dynastie toute française des Capétiens, de ces rois issus de Robert le Fort et de Hugues le Grand, ducs de France, qui, « par une suite de prudence dont ils ne s'écartèrent jamais, dit le président Hénault, regagnèrent insensiblement tout ce que les seigneurs féodeaux avaient usurpé sur l'État, ne firent pas une démarche qui ne tendît à ce but, » et, — comment l'oublier jamais et ne pas en conserver une reconnaissance éternelle? — constituèrent enfin cet État qui, sous les derniers Carlovingiens, ne comprenait plus guère que la seule ville de Laon, dans ces magnifiques limites s'étendant des Alpes et du Rhin à l'Océan, et du détroit de la Manche à la mer Méditerranée et aux Pyrénées, embrassant les trente-deux grandes provinces qu'on divisa depuis en quatre-vingt-six départements, et formant ainsi le plus beau royaume de l'Europe, et de toute la terre après celui de Dieu.

Et cette grande, ancienne et auguste dynastie nous a successivement amené le roi Louis VI, affranchisseur des communes et recommandable par la douceur de ses mœurs, par toutes les vertus qui font un grand roi ; puis Philippe-Auguste, le vainqueur de l'Anglais et de l'Allemand à Bouvines, qui agrandit le royaume du Vermandois, de l'Artois, de la Normandie, du Berry, du Maine, de l'Anjou, de la Touraine et d'une partie du Poitou et de la Picardie ; et Louis VIII, qui, dans un règne de trois ans, l'augmenta de l'Aunis, de la Saintonge, du Limousin, du Périgord et de tout le pays jusqu'en deçà de la Garonne ; et le pieux et grand roi saint Louis, l'arbitre et le modèle des rois, et, suivant ses historiens, *un des plus grands hommes et des plus singuliers qui aient jamais été* ; et Charles V dit le Sage, créateur de notre marine, fondateur de la Bibliothèque royale, et qui reconquit sur les Anglais tout ce qui avait été perdu par la défaite et la longue captivité du roi Jean ; et Charles VII le Victorieux, qui vainquit et chassa les Anglais du royaume ; et l'ombrageux et prudent Louis XI, qui nous donna la Bourgogne, la Provence, plusieurs autres provinces, encouragea l'industrie, créa les premières écoles de médecine et plusieurs parlements, rendit les juges inamovibles, introduisit l'imprimerie et substitua l'usage des armes à feu à celui des armes anciennes; et Charles VIII, à qui nous devons la Bretagne et dont Philippe de Comines a dit : *qu'il était si bon, qu'il n'est point possible de voir meilleure créature*; et Louis XII, surnommé le Père du peuple, dont les historiens ont également fait ce bel éloge : *qu'il ne courut oncques du règne de nul des autres, si bon temps qu'il a fait durant le sien;* et François Ier, le fondateur du Collége de France et le restaurateur des lettres; et Henri II, qui, dans un règne très-court, conquit Toul, Verdun et Metz, ce boulevard de la France, sur l'empereur Charles-Quint; et puis ce premier des Bourbons, qui « de ses sujets fut le vainqueur et le père, » ce grand, cet excellent Henri IV, le plus brave des rois et le plus sympathique au pauvre peuple; et les grands et sages ministres Suger, Sully; Richelieu, Colbert; et ce règne surtout, ce règne immortel, le plus beau, le plus lettré, le plus savant, le plus poli, et, malgré des fautes et des revers, le plus glorieux qui fut jamais, le règne de Louis XIV enfin, qui ne fut pas seulement un grand preneur de villes, un gagneur de batailles, un conquérant habile, à qui la France devait l'Alsace, la Franche-Comté, l'Espagne en quelque sorte, mais encore le protecteur généreux des lettres, des sciences et des arts, par qui les Français sont devenus les arbitres du goût et, sous ce rapport, l'objet de l'émulation générale, et qui, suivant le témoignage non suspect d'un historien allemand, avait fait de la France elle-même *la terre classique du génie*, et de la langue française l'*instrument désormais indispensable de toute culture et de toute jouissance intellectuelle chez tous les peuples de l'Europe civilisée* [1].

La monarchie est donc le gouvernement normal et naturel

[1] Rotteck, *Weltgesch*, t. III, p. 301-302.

des grands États; elle l'est surtout des anciens États, et de la France par conséquent [1]. Tout l'atteste, et, encore une fois, cette maxime si vraie, « que dans les républiques, le premier et plus ordinaire ressort, c'est ou ce doit être la vertu, » savoir la bonne foi, la probité, la sainteté du serment, les bonnes mœurs, la haine du mensonge, le désintéressement, le mépris des richesses, la frugalité, la simplicité, le respect de la vieillesse, mais, avant tout, le respect de l'autorité, des lois et de la religion : vertus rares et difficiles à garder dans une simple famille, à plus forte raison dans une cité, et, si ce n'est comme exception dans quelques individus, tout à fait impossibles dans de grands centres de population et de vastes États.

« Il ne faut pas beaucoup de probité, observe Montes-« quieu, pour qu'un gouvernement monarchique ou un « gouvernement despotique se maintienne ou se soutienne. « La force des lois dans l'un, le bras du prince toujours « levé dans l'autre, règlent ou contiennent tout. Mais dans « un État populaire, il faut un ressort de plus, qui est la « vertu. — Ce que je dis est confirmé par tout le corps de « l'histoire. »

« Ce fut un assez beau spectacle, dans le siècle passé, « ajoute le même, de voir les *efforts impuissants* des Anglais « pour établir parmi eux la démocratie. Comme ceux qui « avaient part aux affaires n'avaient point de vertu, que « leur ambition était irritée par le succès de celui (de « Cromwell) qui avait le plus osé, que l'esprit d'une faction « n'était réprimé que par l'esprit d'une autre, le gouverne-« ment changeait sans cesse; le peuple étonné *cherchait la « démocratie et ne la trouvait nulle part*. Enfin, après bien des « mouvements, des chocs et des secousses, *il fallut se reposer « dans le gouvernement même qu'on avait proscrit* [1]. »

[1] *Esprit des lois*, liv. III, ch. III.

Un des principaux vices qui corrompent les Etats, c'est, suivant Montesquieu, l'extrême esprit d'égalité, où ni les magistrats, ni le sénat, ni la vieillesse, ni les pères, ni les maris, ni les lois ne sont plus respectés ni obéis, et où, par suite, il n'y a plus de mœurs, plus d'amour de l'ordre, ni non plus de vertu. « Le peuple, dit-il, tombe dans ce « malheur, lorsque ceux à qui il se confie, *voulant cacher leur « propre corruption, cherchent à le corrompre. Pour qu'il ne voie « pas leur ambition, ils ne lui parlent que de sa grandeur ; pour « qu'il n'aperçoive pas leur cupidité, ils flattent la sienne* »

Qui oserait dire, après cela, que nous sommes dans ces conditions heureuses qui rendent la république possible ? Qui pourrait ne pas voir, au contraire, que ces vérités d'observation formulées par l'illustre écrivain sont un avertissement aux peuples corrompus qui se repaissent de chimères ; comme un tableau frappant, et fait à dessein, de ces nations frivoles qui, après des fautes, des humiliations et des revers inouïs, ne savent encore se corriger ni s'abstenir de rien, mais, sans un jour de repentir, de deuil ou de recueillement, se livrent de plus belle et plus que jamais aux folles joies, à la licence, à la soif de l'or, à la passion immodérée d'amasser, de s'enrichir à tout prix et de jouir ; un tableau surtout de ces sentines de vices, de ces immenses villes capitales où tout, et jusqu'à l'air qu'on y respire, porte à la corruption en inspirant la cupidité, le luxe et la débauche ?

Eh bien, je le demande au célèbre historien, à l'observateur sagace, à l'éminent homme d'Etat qui nous gouverne, je vous le demande, M. le Président de la république, est-ce avec de telles mœurs que vous fonderez une république, et avec de tels éléments que vous espérez de former des républicains ?

Non, non, la main sur la conscience, et en présence de ce grand Dieu au tribunal de qui nous allons bientôt comparaître, proclamons-le avec toute l'énergie d'une conviction profonde appuyée sur l'étude, la réflexion et une longue expérience assez chèrement payée ; non, à aucun point de vue, le gouvernement républicain ne convient à la France. Il est en opposition avec tout son passé civilisateur et glorieux, avec tous ses premiers et plus évidents intérêts ; il répugne également à sa situation, à son tempérament, à ses mœurs, à son génie, à ses malheurs ; il n'a, quoi que vous en disiez, — non sérieusement je crois, — il n'a les sympathies que d'un nombre infime de ses citoyens, de ses citoyens notables et en état de faire un choix, de se prononcer avec connaissance de cause ! Mais eût-il joui, quelques instants, de la sympathie du grand nombre, de la majorité, et même de la totalité des Français, les deux épreuves qu'on en a tentées chez eux sont de nature à les y faire renoncer à jamais. Elles leur ont laissé un si triste souvenir, que le seul nom de république fait encore l'effroi de la plupart des personnes paisibles et honnêtes, à telles enseignes que c'est cette terreur même qui les a jetés du côté de l'abîme au fond duquel devait nous précipiter le personnage si bien qualifié, ces jour-ci, de *César d'aventure*.

Et l'on ne dira pas que ce soit sans motifs que la démocratie éveille dans les âmes une si énergique répulsion. Elle a procédé dans son œuvre de reconstitution sociale en telle manière, que son nom devait désormais s'associer naturellement à ceux de désordre, de violence, d'atrocités de toute nature et de ruine.

Il est un fait qu'il ne faut point oublier, qui, observé déjà trois fois, ne tardera pas à se reproduire une quatrième : c'est que le gouvernement de la république tend chez nous très-rapidement à devenir celui de la populace, des audacieux, des bandits, et par suite le déchaînement de toutes les illusions, de tous les appétits, de tous les instincts grossiers et pervers. Quoi d'étonnant encore ? La république fait surgir et agite tout ce que les bas-fonds du pays couvent de matières gangrénées, putréfiées et inflammables ; car il est vrai, ce mot : tous les républicains ne sont pas de malhonnêtes gens, vraiment non ; mais tous les malhonnêtes gens, les banqueroutiers, les faussaires, les escrocs, tout ce qu'il y a de taré, de gens marqués de n'importe quelles souillures et macules, sont inévitablement socialistes, partant républicains, c'est-à-dire partisans de la licence républicaine. Eh, croyons-le bien, ce n'est pas là du tout non plus un cas fortuit, tenant à telle ou telle circonstance indépendante de la forme gouvernementale, mais une conséquence rigoureuse, certaine, inévitable du règne de la multitude et de l'absence d'une autorité respectée, dans un vaste empire ayant une capitale immense, où se pressent et se coudoient tous les trésors des deux mondes, toutes les richesses bien ou mal acquises, le luxe le plus effréné, des débauches sans nom, toutes les espèces de convoitises et de vices, avec la pauvreté, le dénûment, la misère la plus affreuse.

Enfin la monarchie nous a civilisés, affranchis, enrichis, grandis et mis deux fois à la tête des nations. La république, elle, au contraire, nous a deux et même trois fois conduits, à travers des flots de sang, au despotisme, au démembrement, à la déchéance, à la ruine ; et peu s'en est fallu que, deux fois aussi, elle ne nous courbât sous les fourches ignominieuses du socialisme et ne fît reculer la France civilisatrice vers un état pire que l'état barbare.

C'est vous qui l'avez dit, Monsieur le Président de la république : la France a besoin de sécurité ; « elle ne veut « pas vivre dans de continuelles alarmes ; elle veut pouvoir « dormir en repos, afin de travailler pour se nourrir. » Rien n'est plus vrai, c'est bien cela que veut notre pays fatigué ; et voilà justement ce qui fait qu'il ne lui faut pas la république, dans laquelle les alarmes sont en effet continuelles, qui ne le sait? et ne laissent que peu de place au sommeil paisible et au travail.

Quand la monarchie n'offrirait d'autre avantage que de nous séparer par deux remparts, deux fossés, de l'affreux socialisme, ce suprême danger des sociétés modernes, au lieu que la république, même conservatrice, touche immédiatement à la démagogie la plus extrême, en sorte que les communards n'ont plus qu'un pas à faire pour appliquer leurs échelles et escalader les murs, ce seul avantage est assez grand pour qu'il dût, chez nous, sans conteste, assurer la prééminence de la forme monarchique sur la forme républicaine.

Vous savez tout cela, Monsieur le Président de la république, et beaucoup d'autres choses bonnes à porter en compte au profit de la monarchie, bien mieux que nous qui ne sommes point docteurs ès sciences politiques. Toutefois, malgré vos engagements contraires, vous vous êtes prononcé et vous travaillez, non plus à la sourdine, mais hautement et bruyamment, pour la république, qui, vous le prétendez, est dans le vœu des populations, de ces populations que vous traitiez, il n'y a pas longtemps.......; mais que, devenu depuis leur serviteur complaisant, avec plus de respect aujourd'hui, vous appelez le *grand nombre.*

La république dans le vœu des populations, du grand nombre! Il a donc bien changé, ce grand nombre, qui, il y a peu de mois, regrettait encore son empereur, et qui, il y a vingt ans, se jeta à la mer, afin d'échapper à ce terrible incendie de la république rouge menaçant de devenir communarde et sociale! Mais non, vous êtes en cela, laissez moi vous l'assurer, dans une très-grande et dangereuse erreur. Ils vous ont trompé, ceux qui vous l'ont fait accroire, pensant vous flatter, à moins qu'en vous abusant, les malheureux ne se soient d'abord abusés eux-mêmes, ce qui n'est pas impossible, parce qu'ils se figurent peut-être, comme de jeunes têtes, que le ciel vous chargera d'années plus nombreuses que les étoiles, et que le timon de leur république ne sortira pas de mains fermes, intelligentes et pures; ou parce qu'ils sont de ces gens habiles à qui peu de bonnes années semblent assez, pour mener à bien leurs propres et personnelles affaires.

Ce qui est réellement dans le vœu du grand nombre, Monsieur le Président de la république, je vais vous le dire : ce n'est point la liberté, dont presque toujours il abuse ou mésuse; ni ce ne sont pas non plus ce qu'on appelle les droits politiques, dont on l'a gratifié sans qu'il les demandât et dont vraiment il ne sait que faire; mais c'est, autant que possible, le travail assuré et plus équitablement rémunéré; ce sont la subsistance, les denrées de première nécessité et les loyers, aujourd'hui presque inabordables pour lui ; les moyens de vivre, dis-je, redescendus à un plus juste niveau, mieux proportionnés aux ressources dont il dispose, au fruit de son labeur, et, par conséquent, la condition de ces avantages, le bon ordre, partout, la sécurité, la stabilité.

Les droits politiques et la liberté, — besoin de quelques esprits privilégiés, — c'est ce que désirent ceux dont l'existence et le bien-être sont assurés, largement assurés; et de ces derniers, je ne crois pas qu'il y en ait un seul qui ne trouvât mieux son compte à n'avoir à Paris qu'un roi unique, trônant aux Tuileries, — un roi doux, affable, poli, bienveillant pour tout le monde, — qu'à se voir pressé partout et froissé par des milliers de rois, courant les rues en guenilles, et qui, sales, grossiers, brutaux, lui donnent, à chaque instant, de cent façons, des preuves sensibles de leurs passions envieuses et de leurs prétentions insolentes.

Et je me demande s'il en est un grand nombre qui, encore aujourd'hui, *n'aimassent pas mieux*, avec le philosophe de Ferney, *dépendre d'un descendant de Robert le Fort, lequel descendait*

Charlemagne, que d'être humblement soumis à des bourgeois, leurs confrères[1] *?*

La population réellement conservatrice, laborieuse et honnête est encore aujourd'hui dans les sentiments, comme elle y était au temps du pacte de Bordeaux, que son salut lui viendra de la monarchie, et non du gouvernement de ces hommes suspects qui sont, sinon les propres frères, du moins les compères, les patrons des incendiaires et des assassins de la Commune. Car c'est encore une de vos erreurs de croire, si vous le croyez, qu'à l'époque où fut pris l'engagement dit de Bordeaux, il n'eût pas été possible de prononcer même le nom de monarchie. Le nom de la monarchie était alors, au contraire, dans toutes les bouches, comme il est encore aujourd'hui dans tous les cœurs. Je dirai plus : c'était alors le moment ; ce l'était surtout après la reprise de Paris sur l'odieuse Commune, d'acclamer résolûment cette salutaire et traditionnelle monarchie qui, quoi que vous en disiez, demeure encore la seule ancre assez puissante pour empêcher l'antique et vénérable vaisseau de la France d'aller à la dérive se perdre misérablement sur les nombreux écueils qui l'entourent. Elle eût pu l'être alors sans le moindre danger ; elle l'eût été d'enthousiasme partout, si ce n'est peut-être dans trois ou quatre principales villes où la peste socialiste est, comme de raison, devenue la maladie du grand nombre, la maladie endémique, la maladie sociale, ou pour mieux dire antisociale.

Ce que j'affirme ici, je ne le hasarde point par simple conjecture, ou parce que je me représente une opinion publique *faite à mon image* ; mais en témoin qui se trouvait à ce moment dans nos campagnes, au milieu des paysans et des ouvriers de l'agriculture, où partout, à chaque instant, presqu'à tout propos, j'entendais exprimer, d'une

[1] *Correspond. générale,* 20 juillet 1771.

manière aussi pittoresque que vive, et le regret de l'empire, — je le dis en rougissant! — et l'horreur de la république, ses auteurs compris, et le plus ardent désir de la voir faire place à une monarchie, et il faut bien l'avouer également, à une monarchie même quelconque.

Si le grand nombre : les paysans, les petits marchands, les petits rentiers, les modestes fonctionnaires et les honnêtes ouvriers, ceux qui par peur de la république et de ses excès ordinaires, nous ont imposé pour maître, pendant vingt-deux ans, le héros de Strasbourg et de Boulogne, et que j'ai vus, au milieu des humiliations de la dernière guerre, se reconnaître encore, par le même motif, partisans de l'Empire ; si ce grand nombre, dis-je, est réellement à cette heure, comme vous l'affirmez, républicain, Monsieur le Président de la république, il faut bien avouer, en ce cas, que c'est en effet le dernier peuple de la terre, un peuple né pour vivre et périr en tutèle, dont il ne faut plus rien attendre ni de raisonnable ni de bon, et qu'enfin ce n'était pas à tort que vous lui imprimiez naguère au front cette épithète sanglante *de vile multitude.*

Ce serait un peuple à fuir et à renier, si l'assertion était fondée et le vœu réel.

Fort heureusement il n'en est pas ainsi, grâce au ciel, tant s'en faut. Au milieu de la légèreté nationale, il est encore des personnes sensées et prévoyantes, il en est plus qu'on ne pense ; et il n'en est pas une qui ne comprenne et ne se dise que sous votre gouvernement nous jouissons d'une trêve de quelques années qui vous permettra peut-être de panser nos plaies les plus saignantes, mais après laquelle se rallumera de plus belle la guerre fatale du désordre et des basses convoitises, où tout sera remis en question, et tout encore une fois menacé, menacé plus que jamais.

Nous sommes, hélas! très-malades, c'est avoué ; malades

d'épuisement, ruinés de fièvre, de fatigue, d'excès de tous genres, et, par suite, atteints d'une altération profonde de tout le système de l'économie. Or, quand un homme tombe malade sous l'influence d'un régime différent de celui qu'il avait suivi longtemps avec un grand avantage, que fait le médecin expert dans son art ? Il ne laisse point le patient et ses amis dans une aveugle quiétude ; il ne flatte point ses goûts ; il ne tolère ni de nouvelles fatigues, ni de nouveaux excès : mais, coupant court aux folles aventures et aux mœurs dissolues, il le renvoie au plus vite à ce premier, sage et modéré régime qui lui avait donné du muscle, du nerf, un tempérament vigoureux, en un mot la santé.

Pareillement il prescrit un prompt retour vers la terre natale, l'air salutaire du pays et la douce chaleur du foyer domestique au voyageur épuisé que le mal a surpris dans des pérégrinations lointaines. C'est un précepte élémentaire de la thérapeutique et de l'hygiène ; c'est tout à fait de règle en bonne médecine.

La suivez-vous cependant cette règle, Monsieur le Président de la république, qui êtes docteur ès sciences sociales et avez entrepris de remettre en état la France exténuée, elle aussi, par mille excès et aventures folles ?

Non, médecin Tant-mieux, vous jouez avec la maladie ; loin d'astreindre le patient au sévère régime qui convient à son mal, vous flattez ses goûts dépravés ; vous vous montrez indulgent à ses moins pardonnables écarts, et l'introduisez vous-même dans les lieux dangereux où ne se respire que miasmes, contagion et effluves malsaines.

Je vous le prédis, vous achèverez votre grand malade, au lieu de le guérir. S'il en faut croire de certaines personnes, ce ne sera pas le premier de ce genre que vous aurez traité et perdu de la sorte. Quelques-uns, qui disent vous bien connaître, assurent qu'il en est deux ou trois, également illustres, que vous avez expédiés à peu près de la même manière. D'autres vont jusqu'à prétendre que ce n'est point médecin ni chirurgien, mais endormeur, prestidigitateur, équilibriste, gymnaste, intrépide nageur que vous êtes, nageur des plus habiles à pratiquer le plongeon, à vous tenir entre deux eaux, que sais-je! Que les démocrates de la veille, vos amis du lendemain, vous ayant fait la courte échelle, vous estimez ne pouvoir, en conscience, vous dispenser de la leur faire à votre tour, et que c'est en effet là l'engagement que vous avez pris. Je n'en crois rien, mais cela donne à réfléchir.

Ce qu'on ne peut méconnaître, c'est que votre politique tortueuse est véritablement à confondre, et que vous vous êtes placé dans une situation ambiguë. Ça a été dit, il y a longtemps : on ne saurait servir deux maîtres à la fois, et surtout deux maîtres aussi opposés d'intérêt et de vues. Que si vous gouvernez en vue et dans l'intérêt de la république, vous monarchiste prétendu, vous agissez, c'est évident, en opposition avec vos sentiments intimes; que si vous êtes monarchiste, ainsi que vous le dites, votre objet semble devoir être tout au moins de ne rien entreprendre à l'encontre d'une institution que vous approuvez et préférez. Et si ce raisonnement est juste, vous voilà convaincu de contradiction avec vos principes, avec vous-même, et il faudrait donc vous envelopper dans la masse de ce grand peuple dont on a dit : « qu'avec beaucoup d'esprit, il agit sans plan, sans dessein, sans suite, sans apparence de réflexion ni de raison, » ce que nous sommes loin d'admettre, il n'est pas besoin de l'observer?

Non, Monsieur le Président de la république, non, pas plus que vous ne l'étiez hier, vous n'êtes aujourd'hui républicain convaincu. Vous ne croyez pas au fond du cœur que la république nous soit ni convenable ni salutaire, et pas davantage vous ne croyez que cette forme de gouvernement ait, après le règne atroce de l'infâme Commune, si subitement tourné la tête aux populations françaises.

Étant donnés vos antécédents et ce singulier phénomène d'un homme de votre caractère gouvernant en contradiction avec ses convictions de tous les temps, je crois que sans grand'peine j'expliquerais assez bien, si vous le permettez, par quel mirage la république vous apparaît à cette heure sous des couleurs si séduisantes. Ce ne seraient sans doute encore que de simples conjectures ; mais il est si naturel de se vouloir rendre compte de ce qui peut induire un esprit éminent à dévier ainsi de la ligne tracée par l'expérience et le droit sens ; et si je ne tombe pas juste tout à fait, j'ose me flatter qu'au moins il ne s'en faudra guère.

Vous aimez à gouverner, Monsieur le Président de la république. Malgré toutes vos dénégations, qu'il est bien permis de ne prendre point pour paroles d'Évangile, vous êtes ambitieux, très-ambitieux, dévoré d'ambition, d'autant plus ambitieux que vous êtes plus rapproché du terme de votre carrière active. Or, à force de triturer les faits et gestes du grand Napoléon, vous avez pris ou cru prendre bien des choses de ses manières et de son génie. Quoi qu'il en soit, vous êtes incontestablement et vous vous savez fort habile. Vous croyez l'être assez pour diriger vous seul, à votre gré, le timon de l'État à travers la passe difficile où toute autre main que la vôtre échouerait infailliblement. Ce ne sera pour vous qu'un jeu, et vous aimez cette sorte de jeu : le danger n'a pas encore cessé de plaire à vos habitudes de joueur ; et d'attacher votre nom à quelque chose comme la libération du territoire, la réorganisation de notre armée, de notre administration, de nos finances, et la fondation d'un gouvernement à laquelle tant d'autres ont dépensé vainement et leur encre et leurs peines, ne sourit pas moins à votre orgueil de petit bourgeois, comme vous vous qualifiez vous-même. Vous vous êtes mis dans la tête, convenez-en, — et vous y réussirez dans un certain sens, — d'être le Washington de la France, sans vous demander s'il est avantageux qu'il y ait un Washington français, et sans vous soucier de prévoir ce que le nouveau gouvernement et la France elle-même pourront devenir quand vous n'y serez plus.

Ou je me trompe fort, ou ce sont là le point de départ et le mobile secret de vos sympathies actuelles.

Je ne vois à cela que deux objections à faire : c'est que de telles visées ne semblent point émaner d'un patriotisme bien ardent, et que de plus vos calculs pourraient bien avoir pour résultat final un mécompte. Car vous tendez ainsi un piége à notre malheureuse patrie, et vous ne songez pas que c'est à vous qu'elle aura droit de s'en prendre, et qu'elle s'en prendra, n'en doutez pas, si réellement elle y tombe, comme il n'est que trop à présumer.

Pour vous assurer la gloire d'un autre Washington, d'un fondateur de gouvernement et d'un sauveur de la patrie, il ne suffit pas que vous n'ayez point échoué dans ce qui vous incombe personnellement dans la tâche eutreprise ; il faut que ce que vous laisserez à faire à vos successeurs soit achevé, et le tout continué par eux avec autant de sagesse et d'habileté que ce l'eût été par vous-même.

Il ne faut pas ici d'illusion. Vous vous êtes constitué l'agent responsable de tout ce qui, bon ou mauvais, peut désormais arriver à ce cher pays déjà tant éprouvé. Or, cette responsabilité pesant sur vous d'un tel poids, ne risquez-vous pas qu'il ne soit dit un jour que pour la satisfaction d'une vanité personnelle, vous avez suspendu sur nos têtes la ré-république rouge, et qu'ainsi votre mémoire ne soit, par nos petits-neveux, entourée de tout autre chose que de ce que vous vous croyez en droit d'en attendre ?

Vous êtes un grand écrivain, Monsieur le Président de la république, un admirable orateur, un nom moins éminent homme d'État, et vous déployez une activité prodigieuse à un âge où d'ordinaire toutes les facultés déclinent ou sont déjà fort amoindries. Aussi, par tous ces rares mérites et une fortune plus rare encore, vous est-il échu de tenir en vos mains les destinées de notre pays, naguère la France de Louis XIV, la grande, la victorieuse France, et il ne tient pas à vos courtisans que, nouvel Alcide, second Alexandre, ou qu'à l'exemple de ce grand César qui, comme vous, subjugua les Gaulois, et eût aimé mieux être le premier dans un village que le second à Rome, vous ne vous fassiez, dès à présent, proclamer propre fils ou petit-fils au moins de Jupiter lui-même.

Pour le moment, vous êtes homme encore, et partant sujet à l'erreur. Veuillez, de grâce, dans la partie que vous jouez, ne pas perdre de vue, — la France vous en conjure, — que votre enjeu n'est pas seulement une grande réputation politique, mais est encore l'espoir, l'avenir, le salut d'un grand pays.

Nous obéissions hier à un César de rencontre : où en sommes-nous aujourd'hui ? Bon gré mal gré, nous voilà soumis à une république de rencontre aussi, et dont le chef gouverne en s'appuyant sur une majorité de rencontre. L'avenir apprendra sans doute ce qu'en fin de compte il nous était réservé de gagner au change.

Pour moi qui, dernièrement encore, vous vénérais comme un autre Père de la patrie, je me demande, à cette heure, s'il ne faut pas vous compter au nombre de ces politiques nouveaux qui travaillent à nous remettre en l'état d'où, par tant d'efforts, nous avait tirés la monarchie capétienne, et si vous n'aurez pas, après tout, été le mauvais génie, plutôt que le sauveur que vous pouviez être de cette France autrefois si glorieuse, si grande, et maintenant si humiliée, si menacée encore, si malheureuse.

EMM. PERROT.

Paris. — Décembre 1872.

SAINT-DENIS. — IMPRIMERIE DE CH. LAMBERT.

www.ingramcontent.com/pod-product-compliance
Ingram Content Group UK Ltd.
Pitfield, Milton Keynes, MK11 3LW, UK
UKHW032012260826
14628UKWH00005B/2451

9 782011 768285